My First 我的第一套视觉百科

Encyclopedia

我的第一套视觉百科

大发现

张功学◎主编

陕西新华出版传媒集团
未 来 出 版 社

前言

从宇宙诞生开始，各种事物都演绎着自己的精彩。随着科技水平的发展，人类探知了很多真相，也产生出新的谜团。好奇心促使人类去发现、了解更多未知的事物。充满好奇心的你，肯定也想知道黑洞是谁发现的，美洲大陆是谁发现的，万有引力是怎么回事……

本书是一本以科学性为基础，为广大少年儿童编写的趣味性科普读物。它从自然、人文和科学三方面，详细地介绍了人类历史上一些重大的，改变了人类对世界认知的发现。

本书虽然只是知识海洋里的一滴水，但它却能让我们清楚地了解这些伟大发现的历史意义以及产生的深刻影响，增长我们的科学知识。

本书文字简洁易懂，图文并茂，可读性强，符合少年儿童的阅读特点。希望小读者通过阅读此书，开阔视野，积流成河，成为一个有学识的人。

目录

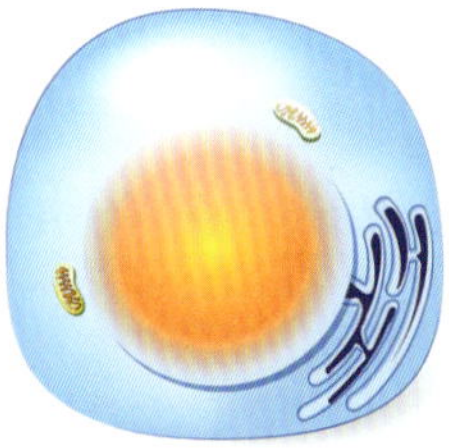

探索中的发现

北宋政治家、文学家、思想家王安石曾在《游褒禅山记》中指出，古人观察天地、山川、草木、虫鱼、鸟兽，之所以往往有所得益，全是因为他们能细致探究、思考的缘故。

什么是发现

发现是指经过研究、探索等工作，看到或找到前人没有发现的事物或规律。它是一个由浅入深、由感性到理性、由局部到整体的过程。

重要发现

人类历史上重要的几个发现：日心说、星系谱线红移、宇宙背景辐射、美洲新大陆的发现、“0”的发现、惯性定律、放射性、元素周期律等。随着每一个新事物的发现，人类的视野越发宽广。

发现的特征

首先，发现需要经过一定的科学研究，知识的积累是发现的前提准备。其次，发现具有创新性、突破性，是前无古人的具有启发性的认识。

发现的领域

天文世界	地理世界	微观世界	古代文化
17世纪时，天文望远镜的诞生，开启了天文学的新篇章。	各种地理学说的提出、新陆地的发现等，让人们对地球有了更清晰的认识。	原子、电子、质子和微生物等的发现，让人们认识了微观世界。	各种遗迹、遗物的发现，让人们了解了不同历史时期的文化特征。

黑　洞

有科学家预言，在宇宙中有一种人类看不见的天体，它只允许物质和辐射进入，而不允许其中的物质和辐射逃离其边界。

什么是黑洞

黑洞是广义相对论中预言的一种天体。目前，黑洞尚未最终确认，但在恒星层次和星系的核心已观测到一些可能是黑洞的候选体。

白洞

白洞是广义相对论所预言的一种性质与黑洞相反的特殊天体，目前并未被观测证实。据推测，白洞有一个封闭的边界，当它向外喷射物质时，会和周围物体发生碰撞，释放巨大能量。

名字的由来

黑洞只允许外部物质和辐射进入，而不允许其中的物质和辐射脱离其边界。人们只能通过引力作用来确认它的存在，所以叫作黑洞。

▼ 黑洞吞噬星系

产生过程

一个恒星准备灭亡时，核心迅速地收缩、塌陷，外壳发生强力爆炸，直至所有的物质都变成中子，内核形成一个内部空间和时间被压缩的紧密星体。

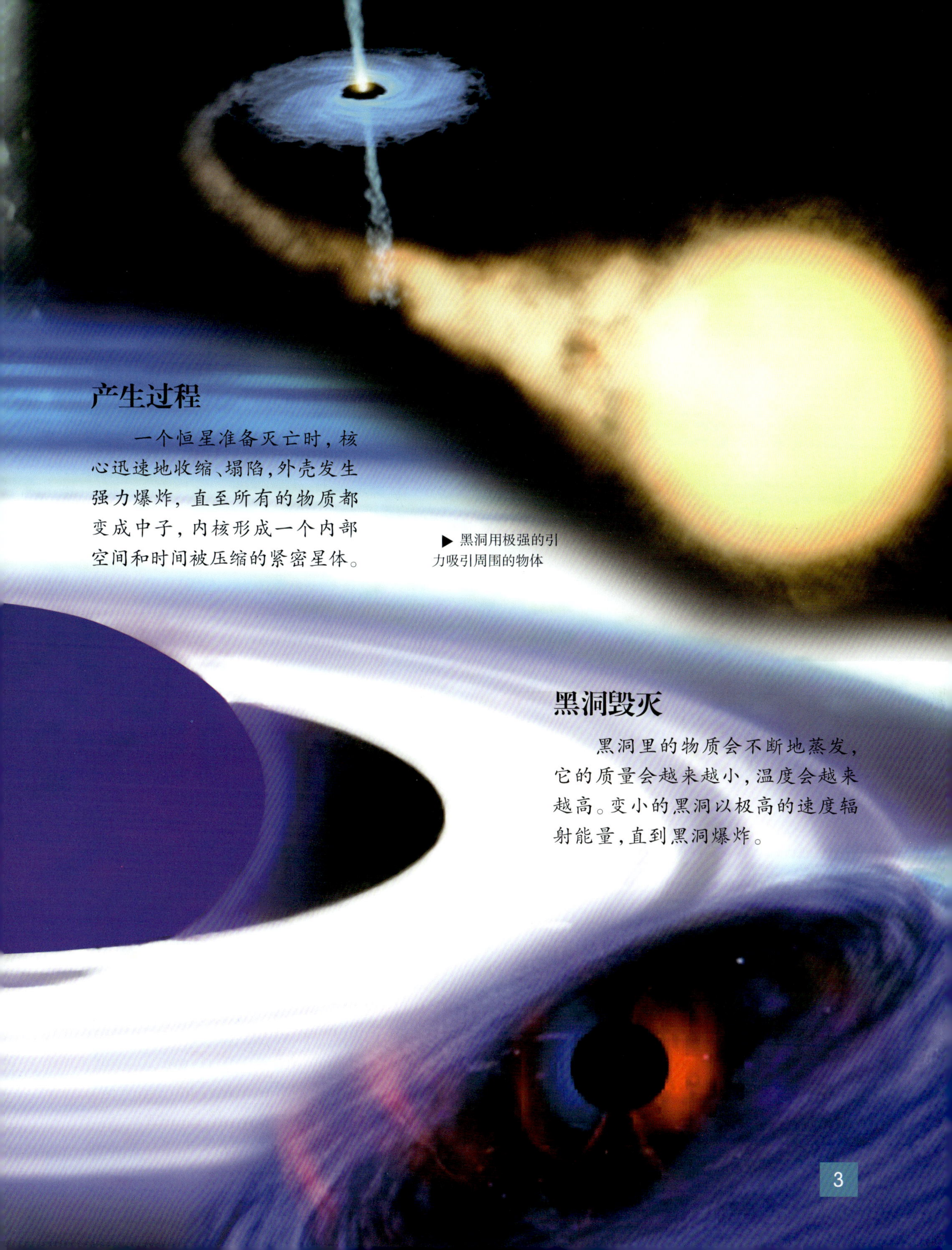

▶ 黑洞用极强的引力吸引周围的物体

黑洞毁灭

黑洞里的物质会不断地蒸发，它的质量会越来越小，温度会越来越高。变小的黑洞以极高的速度辐射能量，直到黑洞爆炸。

天王星

天王星是太阳系由内向外的第七颗行星，是第一颗使用望远镜发现的行星。虽然它与金、木、水、火、土五颗行星一样，是肉眼可见的，但由于较为黯淡和绕行速度太慢而未被古代的观测者认定为行星。

◀ 威廉·赫歇尔和他的妹妹卡罗琳

发现

天王星由英国天文学家威廉·赫歇尔于1781年用望远镜偶然发现。事实上，天王星曾经被观测到许多次，最早的纪录可以追溯至1690年，只不过当时它被误认为是一颗恒星。

公转与自转

天王星与太阳的平均距离为 28 亿多千米，阳光的强度只有地球的 1/400，大约每 84 个地球年环绕太阳公转一周，而天王星自转周期只有 17.9 小时。

天王星物理参数

天王星的赤道半径为地球的 4.10 倍，质量为地球的 14.6 倍，密度为水的 1.3 倍。赤道面与轨道面的交角为 98°。

▶ 天王星和早期发现的 5 颗卫星

物理性质

天王星主要是由岩石与成分不同的水冰物质所组成，主要组成元素为氢和氦。天王星的最低温度大约是−224℃，是太阳系中温度最低的行星。

▲ 天王星和地球的大小比较

卫星探测

1986年，“旅行者”2号探测器拜访了天王星。这次拜访是一次近距离探测，不仅发现了10颗新卫星，还研究了天王星的独特气候，并观察了它的环系统。

行星环

天王星有一个沿赤道环绕运行的环状带，它是太阳系内发现的第二个环系统。目前，粗细不等的光环有上百条。

发现新大陆

拿上一张世界地图，你可以清楚地看到世界陆地的面貌。然而在哥伦布发现新大陆之前，欧洲人认识的世界只有欧洲、亚洲和非洲，并不知道美洲大陆的存在。

▶ 哥伦布的“圣玛丽亚”号

哥伦布的发现

1492 年 8 月，哥伦布率领“圣玛丽亚”号等三艘帆船和百名水手，出大西洋，向正西方向航行。经过 70 天航行，终于发现了陆地。他误以为到了印度，称当地人为“印第安人”，而这块土地实际上是现在的巴哈马群岛。后来，他又三次西航，到达牙买加、波多黎各诸岛及中、南美洲的加勒比海沿岸地带。

◀ 哥伦布

印第安文明

美洲印第安人是美洲土著居民，他们留下的古代文明相当灿烂夺目。他们培育玉米、马铃薯等，建造高大的神庙，留下难以解释的文字，形成一种独特的印第安文明。

新大陆

新大陆又叫“西大陆”或“新世界”，指南、北美洲。这是相对于亚洲、非洲和欧洲而言的西半球陆地。15 世纪末，意大利探险家来到南美洲，证实哥伦布发现的不是东方，而是欧洲人未知的“新大陆”。

主要贡献

哥伦布虽然没有意识到自己发现了新大陆，但贡献却是实实在在的。

1. 考察了洪都拉斯到达连湾2000多千米的海岸线，还发现了巴拿马地峡。

2.发现大西洋低纬度吹东风，而高纬度吹西风，并将其加以利用。

3.将新旧大陆联系起来。

并非偶然

15世纪的欧洲贸易四通八达，经济高速发展，这不可避免地产生和刺激了探险活动，因此即使没有哥伦布，新大陆迟早也会被别人发现。

褒贬不一

哥伦布发现新大陆，促进了世界航运、经济的大发展。然而，这也让印第安人遭受了欧洲殖民者的摧残。

▲ 船员和当地的土著人交换物品

▼ 哥伦布登上美洲大陆

图坦卡蒙陵墓

在埃及尼罗河西岸，驰名世界的帝王谷内，有一座保存得非常完好的陵墓，为后人留下了无数珍贵的文物。这座陵墓的主人，就是3300多年前古埃及第十八王朝的法老图坦卡蒙。

▲ 霍华德·卡特发现了戴着“黄金面具”的图坦卡蒙木乃伊

发现陵墓

1922年11月，经过19年的搜索挖掘，考古学家霍华德·卡特带领助手在帝王谷终于找到了图坦卡蒙陵墓的入口。

完好无缺

图坦卡蒙在位时间很短，他的猝死也使得他没能事先修建豪华的金字塔陵墓。正因为陵墓不起眼，其陵墓才在很长时间里没有被发现。

▼ 图坦卡蒙陵墓外部

令人惊叹的文物

陵墓出土了非常多令人惊叹的文物，如纯金面具、纯金棺材、纯金浮雕、纯金雕制镶满宝石的王座、完整无缺的木乃伊等。

图坦卡蒙黄金面具

图坦卡蒙黄金面具是世界上最精美的艺术珍品之一。它由金箔制成，大小与真人面庞相称，上面嵌有宝石和彩色玻璃，前额上装饰有鹰神和眼镜蛇神，下部垂着胡须。

▶ 木乃伊

图坦卡蒙

图坦卡蒙不是古埃及历史上功绩最为显赫的法老，但他墓葬的发现却代表埃及考古的顶峰，让人们看到了大量古埃及珍贵 的艺术精品，这反映了古埃及艺术家丰富的想象和高超的技术。

▶ 图坦卡蒙陵墓内部

秦始皇陵兵马俑

秦始皇陵兵马俑被誉为“世界第八大奇迹”。1987年，联合国教科文组织将其列入《世界遗产名录》。威武雄壮的兵马俑反映了中国古代雕塑艺术的成就，再现了秦始皇统一六国而展现出的军功和军威，是“人类古代精神文明的瑰宝”。

秦始皇陵

秦始皇陵是中国历史上第一位皇帝——秦始皇嬴政的陵墓，修筑时间长达38年。陵冢坐西面东，是放置棺椁和陪葬器物的地方，是秦始皇陵建筑群的核心。

发现兵马俑

1974年3月，陕西临潼6名青年在秦始皇陵园东侧打井时，发现了陶俑残片。之后，经文物部门挖掘，这支神秘的部队才得以面世。

兵马俑

兵马俑就是制作成战车、战马、士兵形状的陶俑殉葬品，是古代墓葬雕塑的一个类别。秦始皇陵兵马俑坑是秦始皇陵的陪葬坑。

▲ 青铜战车

武士俑

武士俑在秦俑坑中出土最多，分为战袍武士和铠甲武士。战袍武士俑大多分布于阵列外围，灵活机动；铠甲武士俑则分布于阵中。

彩绘脱落

秦兵马俑原来都有颜色，但因为时间久远，彩绘大部分已经脱落。秦兵马俑出土后，这些颜色残迹因对环境十分敏感，后逐渐起翘、剥落。

各不相同

秦俑在脸型、表情和年龄上各不相同。这可能是秦统一六国后，实行全国征兵制，兵源来自全国各地的真实体现，工匠们在塑造秦俑时采用了写实的艺术手法，将其表现得十分逼真。

▼ 兵马俑

手执青铜兵器

秦俑大部分手执青铜兵器，有弓、弩、箭镞、铍、矛、戈、殳、剑、弯刀和钺等。

恐龙化石

恐龙尽管在6500万年前已经灭绝，但它们留在地层中的片片化石，却是科学家们进行研究的绝好证据。关于这个物种的研究数据，大多是通过化石得来的。

发现化石

1822年，英国医生曼特尔的妻子玛丽发现了几枚不一样的牙齿化石。之后，曼特尔不断探究化石的来源，并在1825年认定它们是动物化石。

▶ 曼特尔和他的妻子

最早发现的恐龙

禽龙是最早发现的恐龙。当时，曼特尔认定发现的那几颗动物牙齿化石来自远古时期已经灭绝的动物，就给它们起了"禽龙"这个名字。

形成化石

恐龙死去后，很快被沉积物或泥沙覆盖。恐龙身体中的软组织因腐烂而消失，但骨骼和牙齿等坚硬部分重新结晶，变得更为坚硬，最终变成了化石。

研究依据

人们对恐龙的研究都是基于已发现的化石。通过化石研究，人们能够了解恐龙的生活方式、食物、成长、行动方式和进化历程等，并得知物种间的进化关系。

埋藏地点

恐龙化石由于年代久远，保存不易，因此只有少数相当特殊的地质环境能够将化石保存完好，最常见的是质地细致的沉积岩。

皮肤的颜色

恐龙皮肤的颜色无法从化石找到依据，所以只能根据现有动物来推测。据推测，大型恐龙可能会有斑纹或斑点作为保护色，颜色也会更鲜艳一些。

▶ 冰脊龙

恐龙化石

- 骨骼化石：能告诉人们恐龙的大小和样子等。
- 足迹化石：一般出现在河滩附近，是恐龙喝水时遗留下来的。
- 粪便化石：能告诉人们恐龙吃什么。
- 蛋和窝化石：能告诉人们恐龙的生活方式、生育方式和形体大小等。

浮力定律

皮球、木块等物体扔到水中，它们会浮在水面上，因为它们受到了水的浮力。人们利用浮力的原理，研制了轮船、潜水艇和飞机等，它们已被广泛地应用于航海、航空和航天领域。

煮汤圆

汤圆刚放进水中时，由于受到的浮力小于重力，汤圆会沉到水底。当汤圆煮熟时，汤圆体积变大，受到的浮力也跟着变大，而重力却没有增加，所以熟了的汤圆会浮起来。

物体沉浮

物体浸没在流体(包括液体和气体)中，如果物体受到的重力大于浮力，物体就会下沉；如果重力小于浮力，物体就会上浮；如果重力等于浮力，物体就会悬浮在流体中。

发现浮力原理

古希腊数学家阿基米德在洗澡时发现，他躺在浴盆中，水位便升高了，他的身体也变得轻松了。通过思考，他发现了浮力原理。

气泡不上浮

有时候，我们会看到一些气泡附着在水下的物体上不上浮，这是因为气泡和物体之间存在一定的附着力。当附着力大于气泡受到的浮力时，气泡不会上浮。

▶ 阿基米德

阿基米德原理

通过实验，阿基米德发现物体受到的浮力等于它所排开的那部分液体受到的重力。于是，人们把这个结论命名为阿基米德原理。

浮力与压强

物体浸在水中会受到水的压力。当船载货物时，载重量大，吃水就深；载重量小，吃水就浅。由此得知，船舶吃水越深，受到的浮力越大，压强也就越大。

死海不死

死海淹不死人。这是因为死海中的水含有大量的盐，使得水的密度大于人体的密度，导致人受到的浮力大于重力，所以人即使不会游泳，也不会沉下去。

大气压

地球被一层厚厚的大气层包围着，由于受重力的作用，空气内部各个方向都有压强，这个压强被称为大气压。离海平面越高的地方，空气就越稀薄，那里的大气压就越小。

什么是大气压

大气压就是大气压强。空气中大量气体分子频繁地碰撞地面，对地面的作用力是持续的、均匀的，这个压力与地面面积的比值就是大气压。

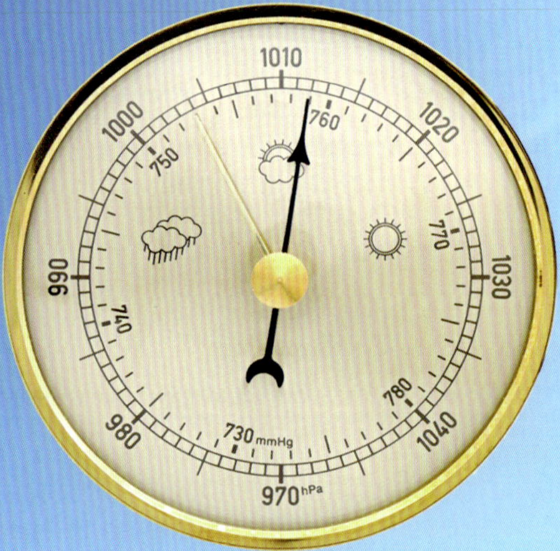

▶ 气压计

不同的压力

在地球上，不同高度的大气压力是不同的。珠穆朗玛峰顶的大气压力约是海平面上的一半，而海底1万米深处的压力与7头大象站在小餐盘上产生的压力相当。

高压锅工作原理

当把高压锅的盖子盖紧后，锅中封闭了空气。当加热时，高压锅内的气体膨胀，压强增大，使锅内水的沸点升高，更容易煮熟食物。

◀ 马德堡半球实验想象图

马德堡半球实验

马德堡半球实验证明了大气存在压力。1654 年 5 月，德国物理学家奥托·冯·格里克将两个空心铜半球合起来，然后把铜球里的空气抽掉，再用 20 匹大马向相反方向拉，随着一声巨响铜球才一分为二。

标准大气压值

标准大气压值是在标准大气条件下海平面的气压，1644 年由意大利物理学家托里拆利提出。那气压标准值有多大呢？气压值经过了几次修改变化，最终得出了一个标准值。1954 年，第十届国际计量大会规定，1 标准大气压为 101325 帕。

▶ 托里拆利的水银柱式气压计

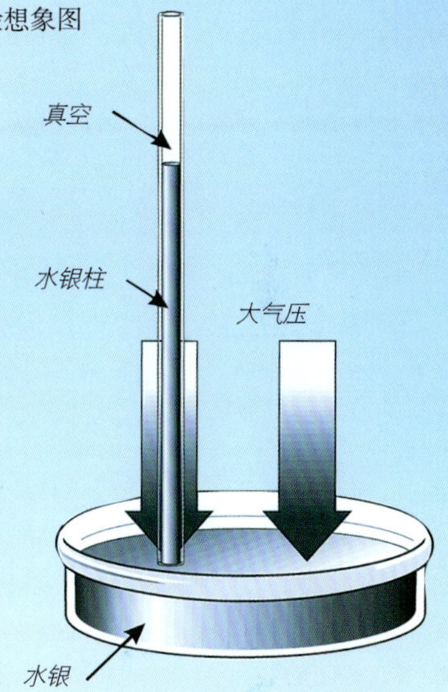

▲ 托里拆利实验示意图

气压高度计

科学研究证实，在海拔 2000 米以内，每升高 12 米，水银柱就下降 1 毫米。利用这个原理，人们发明了高度计，用来确定一个地方的海拔。

◀ 托里拆利

大气压变化因素

- 地势高低：在地球表面，大气压随地势的升高而降低。
- 所含水汽：干空气的大气压强比湿空气的大。
- 地理纬度：随地理纬度增加，大气压逐渐增大。
- 大气的运动和温度：大气运动越快，温度越高，大气压越小。
- 气候变化：阴天的大气压比晴天的大气压低。

万有引力

牛顿是英国伟大的数学家、物理学家、天文学家和自然哲学家。牛顿一生有许多重大的发现和学说，其中就包括“万有引力定律”。

▲ 牛顿

苹果的启示

有一天，牛顿在苹果园里休息，一个苹果落到了草地上。这启发了牛顿：苹果为什么往下落，是不是大自然普遍存在着一种吸引力。

万有引力定律

1687 年，牛顿提出了万有引力定律，并总结出计算公式。他指出，任何两个物体之间都存在着吸引力，物体的质量越大，万有引力越大；距离越远，万有引力越小。万有引力是所有物质的基本特征，也成为大部分物理科学的基石。这个定律对天文学和宇宙学的研究特别重要。

引力是“万有”的

牛顿并不是发现了引力，而是发现引力是“万有”的。比如，不管距离地球多远，人都会受到地球的引力作用，虽然地球的引力有可能被质量巨大的物体所掩盖，但它还是存在的。

▲行星与太阳之间的引力使行星不能飞离太阳

引力常数

牛顿得出了万有引力与物体质量及它们之间距离的关系，却无法算出两个物体之间万有引力的大小，因为他不知道引力常量G的值。100 多年以后，英国物理学家卡文迪许在实验室里通过几个铅球之间万有引力的测量，比较精确地得出了G的数值。

万有引力之谜

爱因斯坦在相对论中指出，真空中的光速是一切物理作用传播速度的极限。那么，相距十分遥远的两个物体，当质量或距离发生变化时，在短暂时间内，它们之间的万有引力如何变化呢？

▼卡文迪许的实验室

引力大于重力

地球上的物体，受到的引力可以看作是向心力与重力的合力。由于向心力远小于重力，所以一般认为引力等于重力，但其实引力略大于重力。

能量守恒

在我们生活的世界中，能量主宰着一切事物。不论是每天的日出日落，还是你的每一次呼吸，这一切都离不开能量。能量不会凭空产生和消失，只会相互转换，能量总量是恒定不变的。

能量无处不在

做梦的时候，心脏不断给大脑提供能量，帮助人完成梦境。人拿起一本书依靠的是肌肉中的能量，手松开，书会因为具有势能而落下。

永动机不可能造出来

能量之间可以相互转换，但机器却不能永远运动下去。这是由于机器在运动的过程中存在摩擦等阻力，消耗了能量，而这部分能量无法转化为机械能，因此，机器运动会越来越慢，最终停下来。

◀ 亥姆霍兹

定律发现者

能量守恒定律是由5个国家的10余位科学家从不同侧面各自独立发现的。其中，迈尔、焦耳、亥姆霍兹是主要贡献者。

能量转移

能量可以从一个物体转移到另外一个物体。比如，打台球时，一颗球从正面撞击另外一颗球，撞击的球将动能转移给了被撞击的球，被撞击的球具有动能后开始运动，而第一颗球则会减速或停止。

能量转换效率

电灯和萤火虫都可以发光，但是能量转换效率却不一样。电灯只有一小部分的能量转换为光能，大部分能量转换成了热能。而萤火虫却可以将90%以上的能量转换为光能。

能量转化

能量可以相互转化，而且会改变原有能量的形式。比如，电炉丝在通电以后，能量由电能被电炉丝转换成为光能和热能。

能量守恒定律

能量既不会消灭，也不会创生，它只会从一种形式转化为其他形式，或者从一个物体转移到另一个物体。在这个过程中，能量的总量保持不变。

X 射线

X 射线亦称“伦琴射线”、“X 线”，是一种短波的电磁辐射。在医学上常用于透视检查，在工业中常用于使气体电离、使感光乳胶感光，等等。但是，长期受 X 射线辐射会对人体造成伤害，所以尽量不要连续在短期内做多次 X 射线检查。

发现 X 射线

1895 年，德国科学家伦琴无意间发现了 X 射线。他用阴极射线轰击一些金属时，释放出频率很高的电磁波，这些电磁波就是 X 射线。

突出的本领

X 射线最突出的本领就是具有较强的穿透性。它可以穿透人体软组织，但是却无法穿透骨骼，因此可以用来研究骨骼变化。

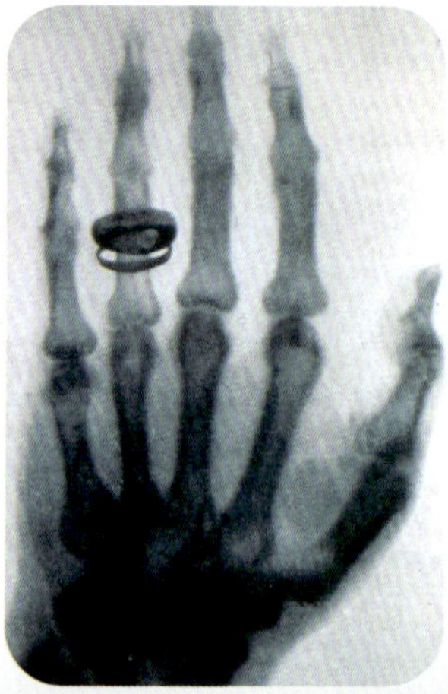

▶ 世界上第一张 X 射线照片

真相大白

伦琴虽然发现了 X 射线，但当时的人们不知道这种射线究竟是什么东西。直到 20 世纪初，人们才知道 X 射线是一种比光波更短的电磁波。1901 年，伦琴因此而获得诺贝尔物理学奖。

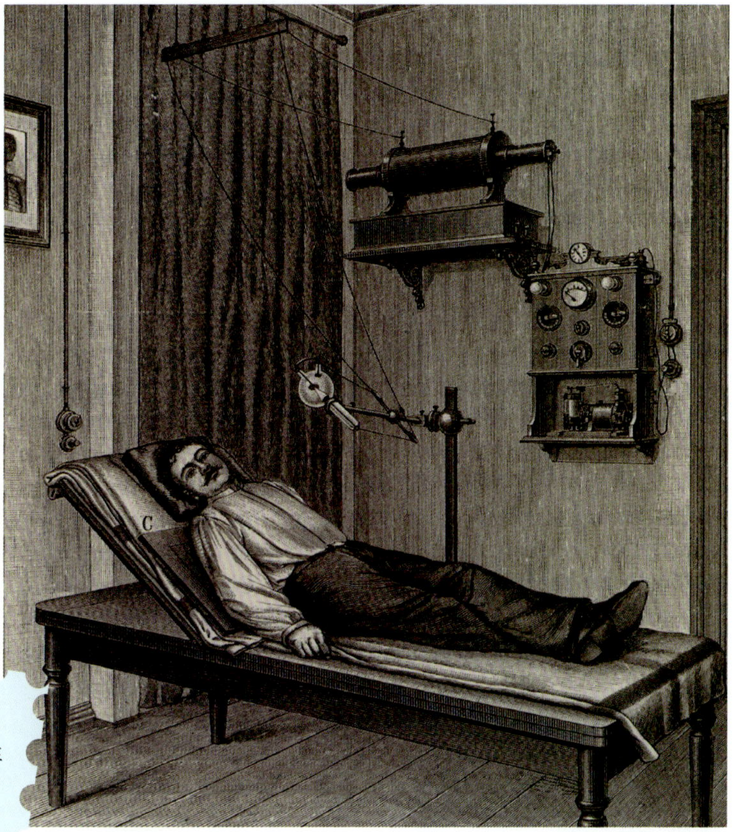

▶ 伦琴用 X 射线照射自己的身体

物理特性

- **穿透作用**：X 射线波长短，能量大，照在物质上时，可从原子间隙透过。
- **电离作用**：X 射线照射物质时，可使核外电子脱离原子轨道产生电离。
- **荧光作用**：X 射线照射到某些化合物，如磷、铂氰化钡时，会使这些物质发出荧光。
- **热作用**：物质吸收的 X 射线能量大部分被转变成热能，从而使物体温度升高。

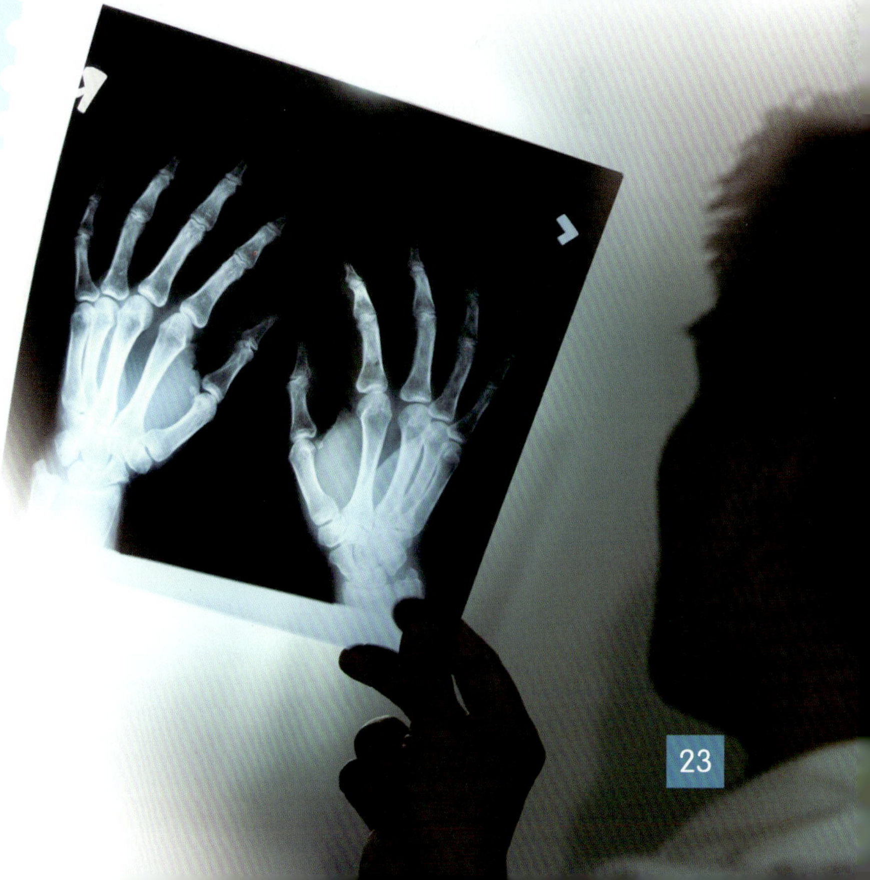

▶ 医生正在看 X 射线照片

自然界的 X 射线

X 射线在宇宙中广泛存在。一些温度高达上百万摄氏度的气体就可以发出很强的 X 射线，这为科学家了解遥远星体的变化提供了很大的帮助。但 X 射线对人体的危害也要引起人们的关注。

电磁感应

电和磁的一些性质十分相似，19 世纪时，一些科学家试图通过某种方式将电和磁进行转化。于是，寻找电磁互相转化的方式成为当时一个热门的研究项目。

奥斯特的发现

19 世纪初，丹麦物理学家奥斯特发现在通电的一瞬间，导线附近的小磁针会发生偏转。经过反复实验，他发现了电流有磁效应。

▲ 电流通过时，导线附近的磁针发生偏转

◀ 奥斯特

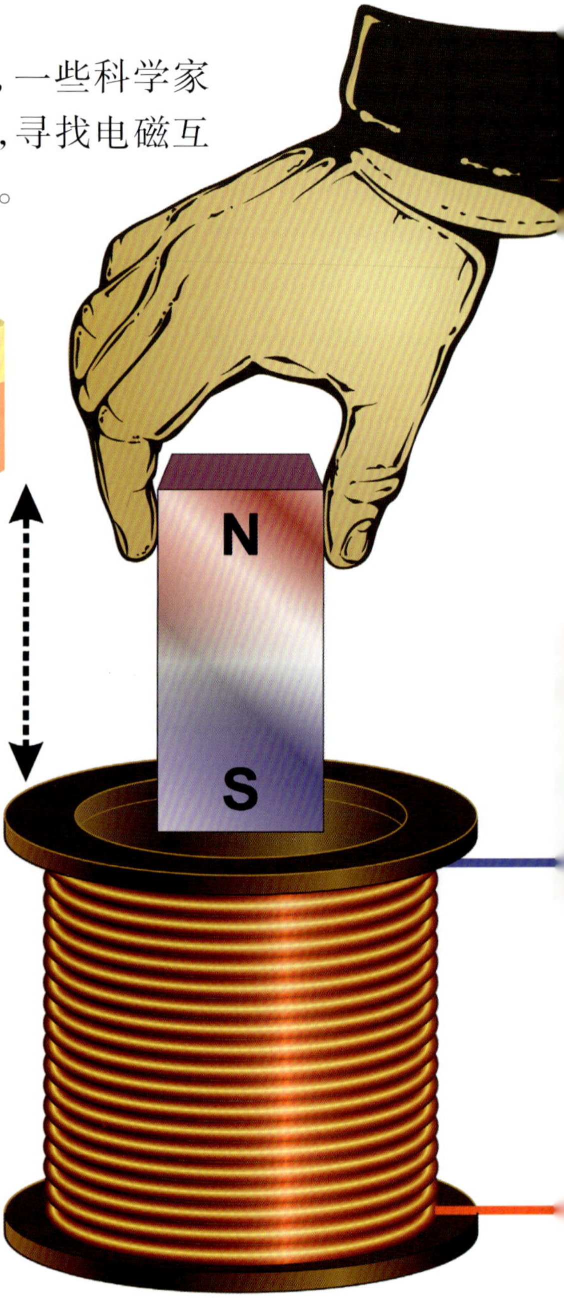

▲ 磁生电

法拉第的贡献

英国科学家法拉第得知电能生磁后，认为磁也能生电，于是着手设计“磁生电”的装置。1831 年，法拉第证实了磁铁和线圈做相对运动时，线圈会产生感应电流。

安培的发现

法国物理学家安培发现：只有变化的电流才能产生磁场。安培认为，磁石的磁性来源于分子电流，而变化的电流使运动的电荷在空间产生电场，电场再产生磁场。

◀ 安培

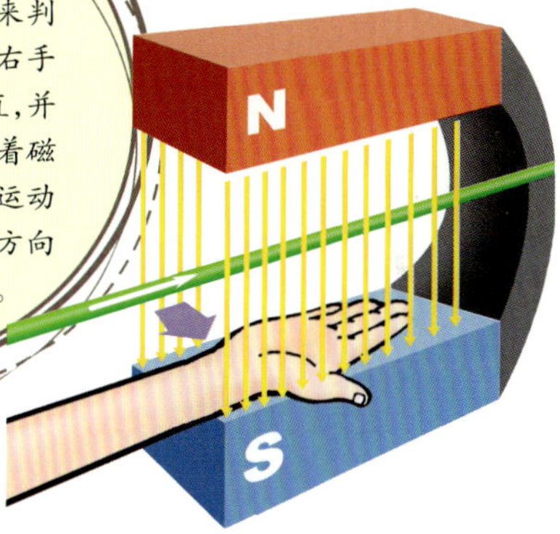

右手定则

右手定则可以用来判断感应电流的方向。右手的拇指与其他四指垂直，并处于同一平面，手掌对着磁场北极，拇指指向导体运动方向，这时四指所指的方向就是感应电流的方向。

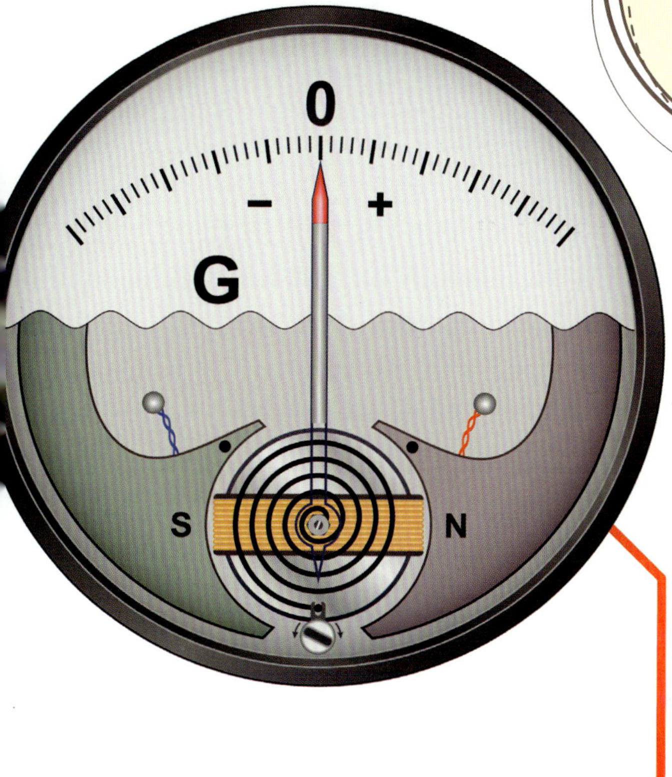

发电机的原理

发电机发电，利用的就是磁场周围产生的电场（也就是电磁感应）。绕在铁棍上的铜导线跟随铁棍一起旋转，线圈在强大的磁场中做切割磁力线的运动，产生电磁感应现象，将铁棒的机械能转化成了电能。

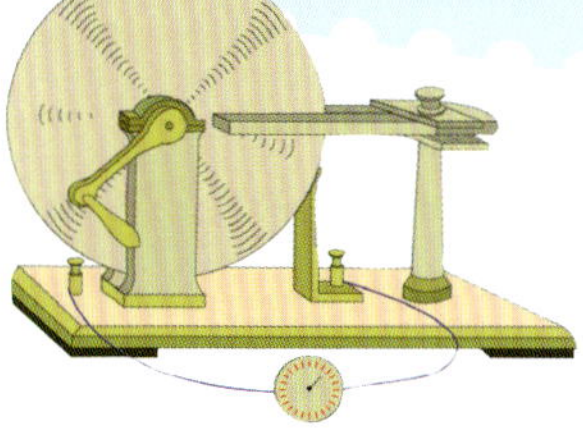

▲ 法拉第发电机

电磁铁

电磁铁是一种用电产生磁的装置，可通过调节电流的频率和强度来调节磁感强度。电铃利用的就是电磁铁的这种特性。通电时，连着小铁锤的铁条被电磁铁吸引，铃就被敲响；电路断开，电磁铁失去磁性，铁条弹回原处。

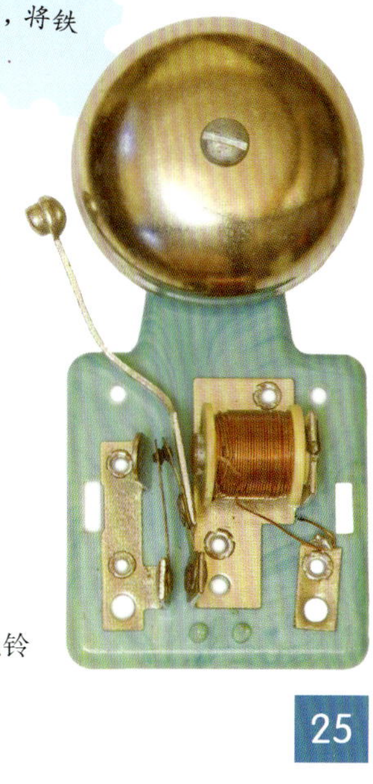

▶ 电铃

电磁波

电磁波是种看不见的波。虽然看不见，但是我们却可以感觉得到，电磁波在生活中无处不在。通常，温度高于绝对零度的物质或粒子都有电磁辐射。

什么是电磁波

电磁波是指在空间传播的周期性变化的电磁场。它在真空中的传播速度约为 3×10^{8} 米/秒。

▶ 红外线用于遥控器

电磁波的种类

电磁波的种类很多，按照低频率到高频率可分为：无线电波、微波、红外线、可见光、紫外线、X 射线和伽马射线等。其中，可见光是能引起人的视觉的电磁波。

◀ 射电望远镜

微波炉的工作原理

微波炉通电时，能够产生大量微波。食物置于微波炉中，在微波高频振荡的电磁场作用下，极性分子产生共振，获得热量，使温度升高。

▲ 赫兹

麦克斯韦预言

英国物理学家麦克斯韦在总结前人研究电磁现象的基础上，建立了电磁场的基本方程，麦克斯韦预言了电磁波的存在。

◀ 麦克斯韦

赫兹的证明

1887 年，德国物理学家赫兹成功地捕捉到了电磁波，不仅验证了麦克斯韦的电磁波理论，还证明了电磁波的一些特性，与麦克斯韦的预言一致。同年，他还首先发现了光电效应现象。

对人体的伤害

- 电磁波危害人体的机理主要是热效应、非热效应和积累效应等。
- 热效应：人体受到电磁波辐射后，会产生电流，从而引起人体发热。
- 非热效应：人体存在微弱的电磁场，外界电磁波会干扰它们。
- 积累效应：少量的电磁辐射对人体有益，如果电磁辐射过量，就会引发疾病。

▲ 赫兹捕捉电磁波所用的实验仪器

无线电通信

无线电是一种利用无线电波在空间的传播，以传送声音、文字、数据和图像等的通信方式。它既不受地理条件限制，也不局限于地面通信，是远程、越洋、航空、航海、宇宙航行等方面的主要通信方式。

原子核

原子核极小，但能量极大，当一些原子核发生裂变或聚变时，会释放出巨大的原子核能。它是人类历史上的一项伟大发现，也是最具希望的未来能源之一。

▲ 卢瑟福

原子核之父

卢瑟福被尊为“原子核之父”。1912年，卢瑟福在实验中发现，原子内含有一个体积小而质量大的带正电的中心，这就是原子核。

原子核的组成

原子核位于原子的核心部分，由质子和中子两种微粒构成，而这些质子和中子又是由更小的被称为夸克的粒子组成的。

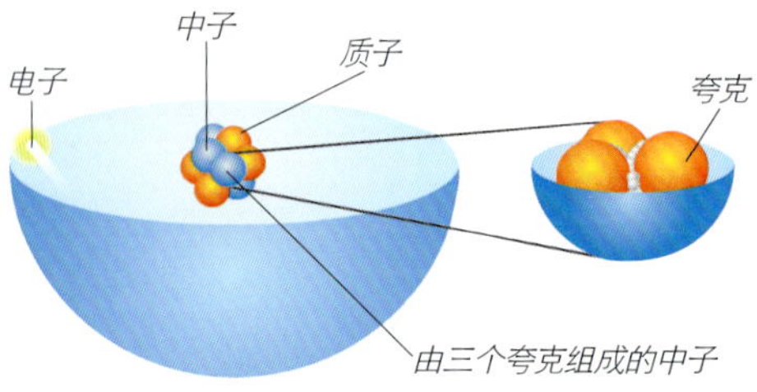

▲ 原子的组成

同位素

同位素是同一种元素的两种或多种不同的原子，其原子核拥有相同的质子数，但中子数不同。比如，氕、氘和氚属于氢元素的同位素。它们的原子核中都有1个质子，但中子的数量分别是0、1、2。由于中子和质子的质量几乎相等，因此氘比氕要重1倍。

核裂变

核裂变是原子核被中子撞击后分裂，释放出2～3个中子，这些中子再去撞击其他原子核，释放巨大能量的一种核反应形式。原子弹爆炸就是核裂变的结果。

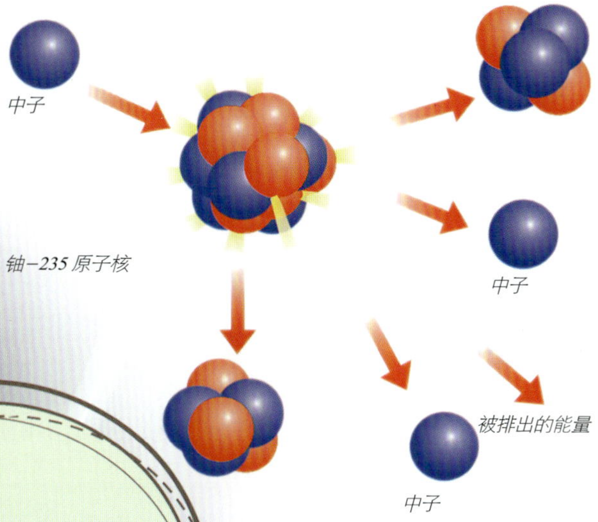

原子对外不显电

质子带正电，中子不带电，它们所构成的原子核也带正电。原子核的外围存在有电子，电子的数量不仅和质子相等，而且也带电量相等的电，不过性质相反。因此由质子、中子和电子构成的原子对外不显电。

核聚变

核聚变是2个或2个以上的原子核在超高温等特定条件下聚合成一个较重的原子核并释放出巨大能量的一种核反应形式。氢弹爆炸就是核聚变的结果。

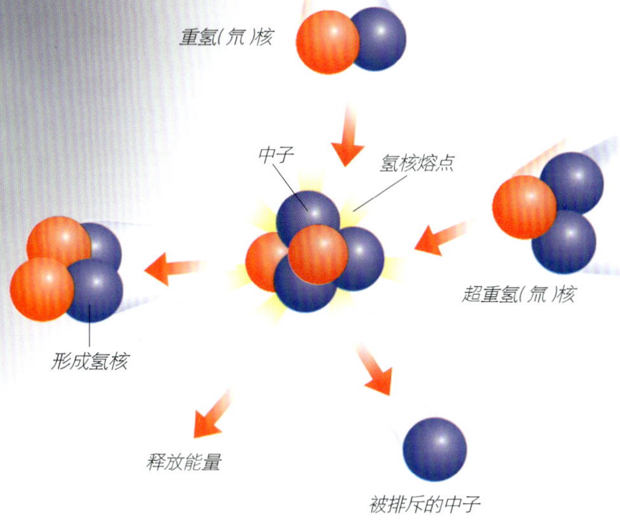

α粒子散射实验

卢瑟福研究原子核，采用的是α粒子轰击金箔实验。

1.天然放射性物质放射出的α粒子和金箔的原子发生碰撞。

2. 原子受到激发，导致电子跃迁到更高能量轨道。

3. 电子受到原子核吸引，返回原轨道时，将多余的能量以光子的形式释放出来，形成可见光。

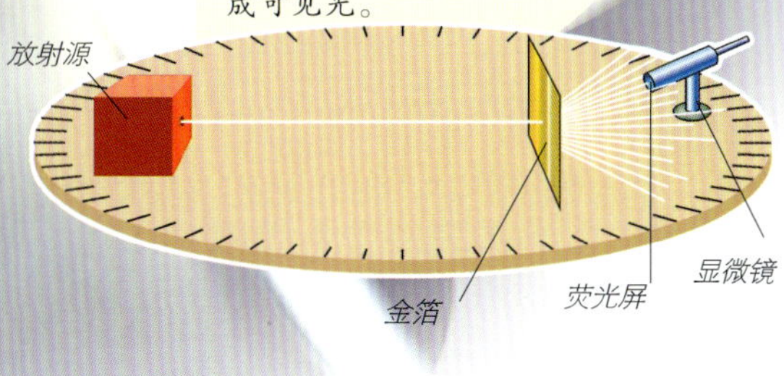

氧　气

氧气是一种无色、无味的气体，在空气中约占21%，仅次于氮气。氧是人体进行新陈代谢的关键物质，是人体生命活动的第一需要。没有氧气，动物、植物和人类都无法生存。

氧气的发现

1774年，普里斯特利加热氧化汞制得纯氧。同一年，拉瓦锡也通过实验发现了氧。在他们之前，舍勒也制得了氧气。后来，人们把这三位学者都认作是氧气的发现者。

▲ 普里斯特利

▲ 拉瓦锡

▲ 舍勒

名称由来

"酸素"是氧气的旧称，是拉瓦锡起的。当时，他错误地认为所有的酸都含有这种新气体，于是将它命名为"酸素"。氧气的中文名是清朝徐寿命名的，他认为人离不开氧气，于是将其命名为"养气"。后来，人们统一用"氧"代替了"养"。

◀ 运动时，人体会消耗大量的氧气

▶ 氧气助燃

生命动力

动物和人在呼吸时，要不断消耗大气中的氧气。植物通过光合作用，能把二氧化碳转变为氧气，使氧气可以不断循环。

氧中毒

人类生存离不开氧气，但如果让人长时间待在纯氧环境中，所有的细胞都会受到毒害，发生“氧中毒”，造成身体器官病变。

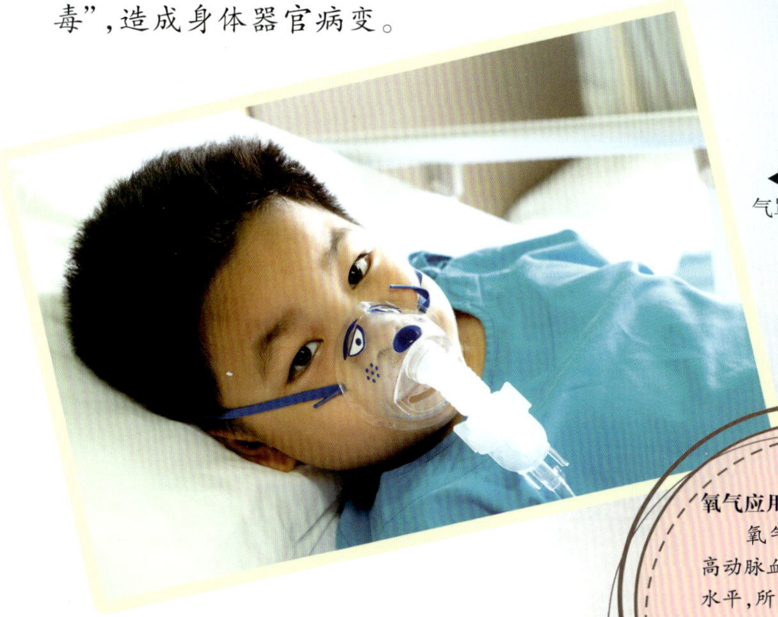

◀ 病人佩戴氧气罩进行呼吸

氧气应用

氧气可以缓解缺氧，提高动脉血氧分压和氧饱和度水平，所以常用于医疗抢救。在玻璃制造、钢铁冶炼等工业中，氧气可以用来清除杂质。液态的氧还可以用作助燃剂，帮助火箭燃料燃烧。

▲ 氧气参与钢铁冶炼，去除碳、硫等杂质

▶ 火箭携带液氧飞向太空

臭氧形成

通常，空气中的氧气是比较稳定的。但在高空受到太阳光紫外线的影响，氧分子会被分裂为两个原子，然后每个原子和没有分裂的氧分子合并成臭氧。

元素周期律

19 世纪 60 年代，化学家已经发现了 60 多种元素，并积累了这些元素的原子量数据。俄国化学家门捷列夫从元素原子量数据中发现了元素周期律，并根据此规律创制了元素周期表。

元素诞生

根据大爆炸宇宙论学说，一百多亿年前的宇宙大爆炸诞生了氢和氦。之后，其他元素逐渐形成。

▲ 氢气是最轻的气体，它的密度只有空气的 6.9%。世界上第一个载人上天的气球就是氢气球

▼ 氢气球

同素异形体

很多物质都是由同一种元素组成的，人们把它们称之为同素异形体。例如金刚石、石墨、无定形碳等就是碳元素的同素异形体，它们的物理性质差异很大，但化学性质近似。

化学元素

化学元素指自然界中 100 多种基本的金属和非金属等物质，它们只由一种原子组成，其原子中的每一核子具有同样数量的质子。

元素周期表

1869年前后，俄国化学家门捷列夫等发现了元素周期律这一重要自然定律。把所有元素按原子序数顺序排列并表示化学元素属性周期性变化的表即元素周期表。

▶ 门捷列夫

稀有元素

在自然界中含量稀少或分布稀散以及过去研究和应用较少的元素总称为稀有元素，约占已知化学元素的三分之二。

超重元素

元素周期表上最后一个元素是由美俄科学家利用回旋加速器合成的118号超重元素，这种元素只存在了万分之一秒，之后就衰变成其他元素。

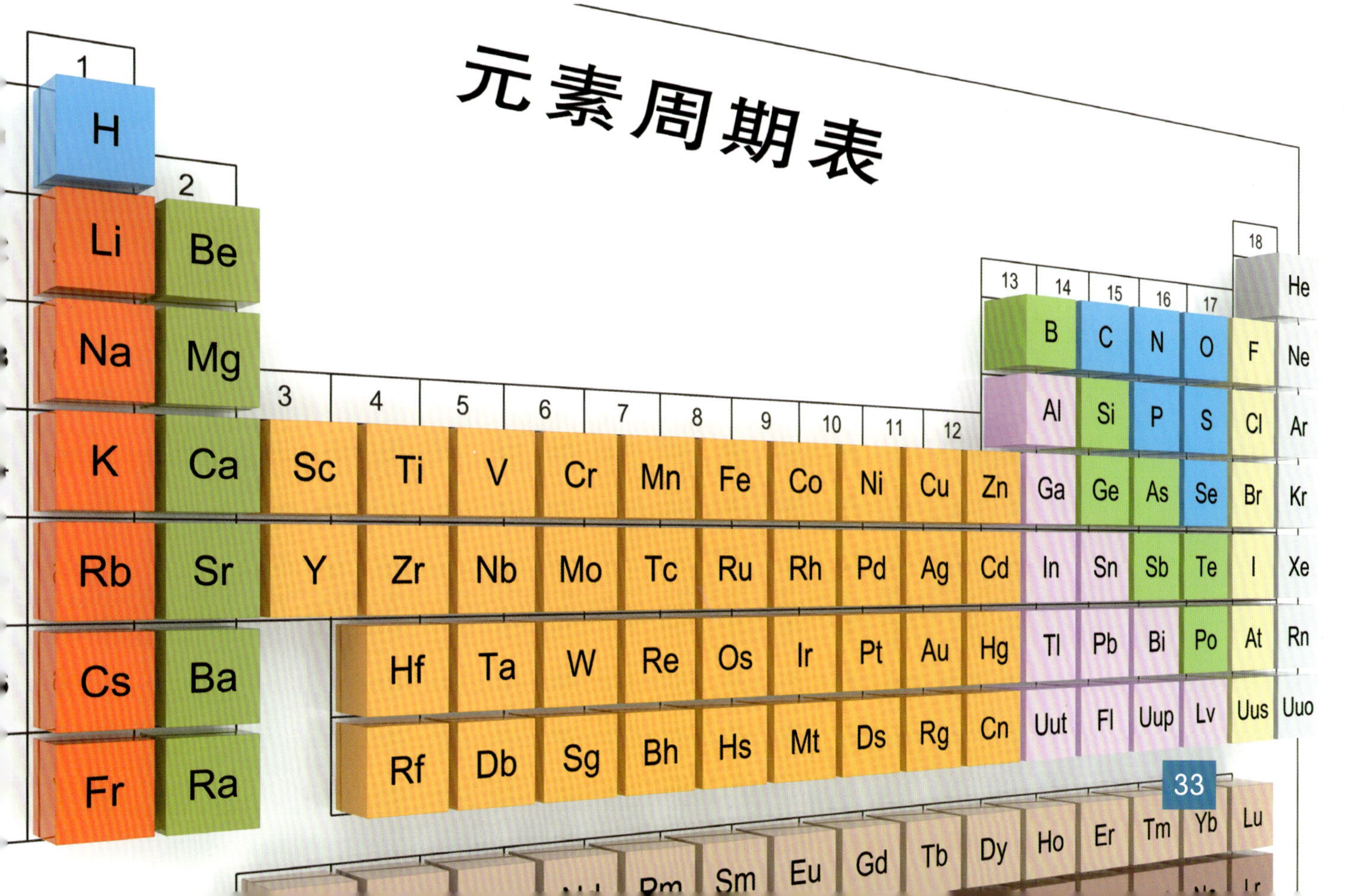

微生物

细菌、病毒、霉菌以及一些小型的原生生物等，是自然界中我们用肉眼观测不到的微小生命。它们结构简单、形体微小，是地球上的袖珍生命。

发现微生物

列文虎克是荷兰生物学家。1674 年，他开始观察细菌等“非常微小的动物”。1675 年，他发现了原生动物，1683 年又发现了细菌。

▶ 列文虎克

▶ 蘑菇

种类划分

微生物包括细菌、病毒、类病毒、古生菌、放线菌、蓝细菌、霉菌、酵母菌、立克次氏体、支原体、衣原体、螺旋体原生动物及单细胞藻类等。其中，绝大多数肉眼不可见，但少数种类肉眼可以看见，比如蘑菇、灵芝等。

细菌

细菌是一类单细胞的微小原核生物。它形状细短，结构简单，多以一分为二的分裂方式进行繁殖。有的细菌对人类有利，有的细菌能使人发生疾病。

▶ 细菌

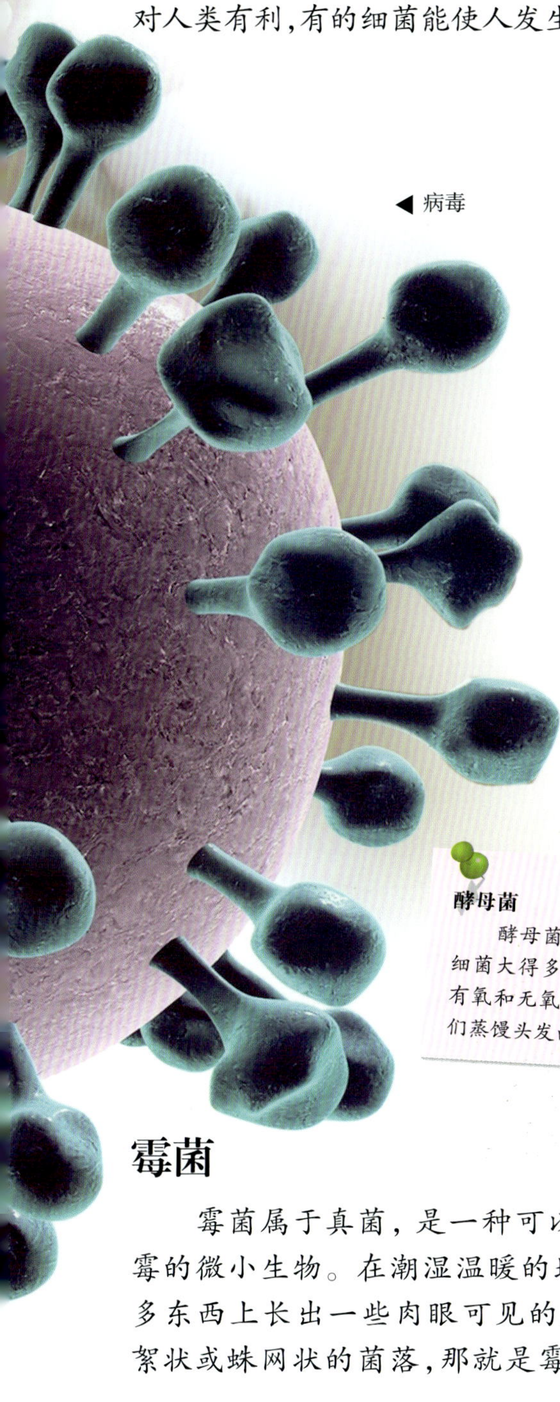

◀ 病毒

病毒

病毒是一类非细胞型微生物，具有遗传、变异、进化等能力。它不能单独生存，必须寄生在活细胞内，以复制的形式进行繁殖。病毒比细菌要小，由蛋白质和核酸组成。

酵母菌

酵母菌属于真菌，是一种比细菌大得多的单细胞微生物，在有氧和无氧环境下都能生存。人们蒸馒头发面时用的就是酵母菌。

霉菌

霉菌属于真菌，是一种可以引起发霉的微小生物。在潮湿温暖的地方，很多东西上长出一些肉眼可见的绒毛状、絮状或蛛网状的菌落，那就是霉菌。

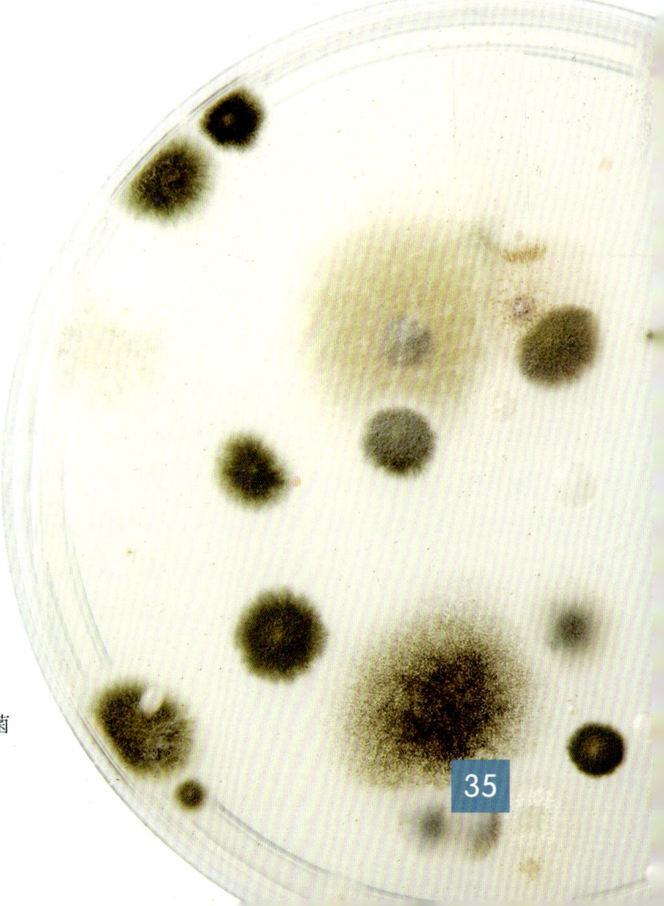

▶ 霉菌

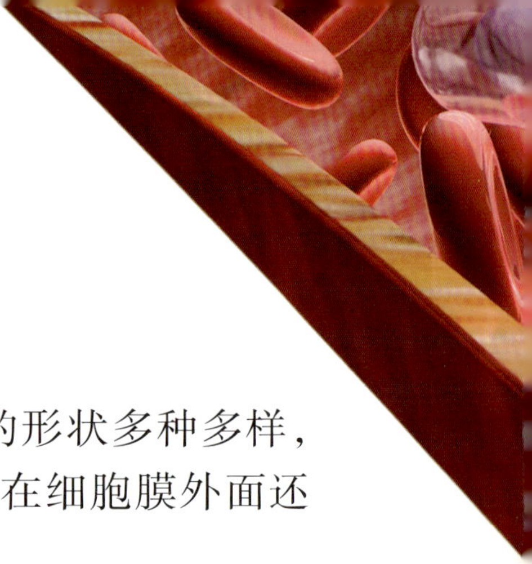

细　胞

细胞是生物体结构和功能的基本单位。细胞的形状多种多样，一般由细胞核、细胞质、细胞膜等组成。植物细胞在细胞膜外面还有一层细胞壁，而动物细胞没有。

发现细胞

细胞是由英国科学家罗伯特·胡克于1665年发现的。当时，胡克用光学显微镜观察软木塞的薄切片，发现了一格一格的小空间，并将它命名为“细胞”。虽然他观察到的细胞早已死亡，但后世还是将他当作发现细胞的第一人。

▶ 罗伯特·胡克

基本结构单位

对单细胞生物来说，一个细胞就是一个个体；对多细胞生物来说，每个细胞为一个生命活动单位，具有特定的功能。

原始单细胞生物草履虫

细胞移植

科学家发现，将人体的神经细胞移植到动物大脑，可以影响动物大脑的通信交流能力。一项研究表明，将人类大脑细胞移植到老鼠体内，能够让老鼠变得更聪明。

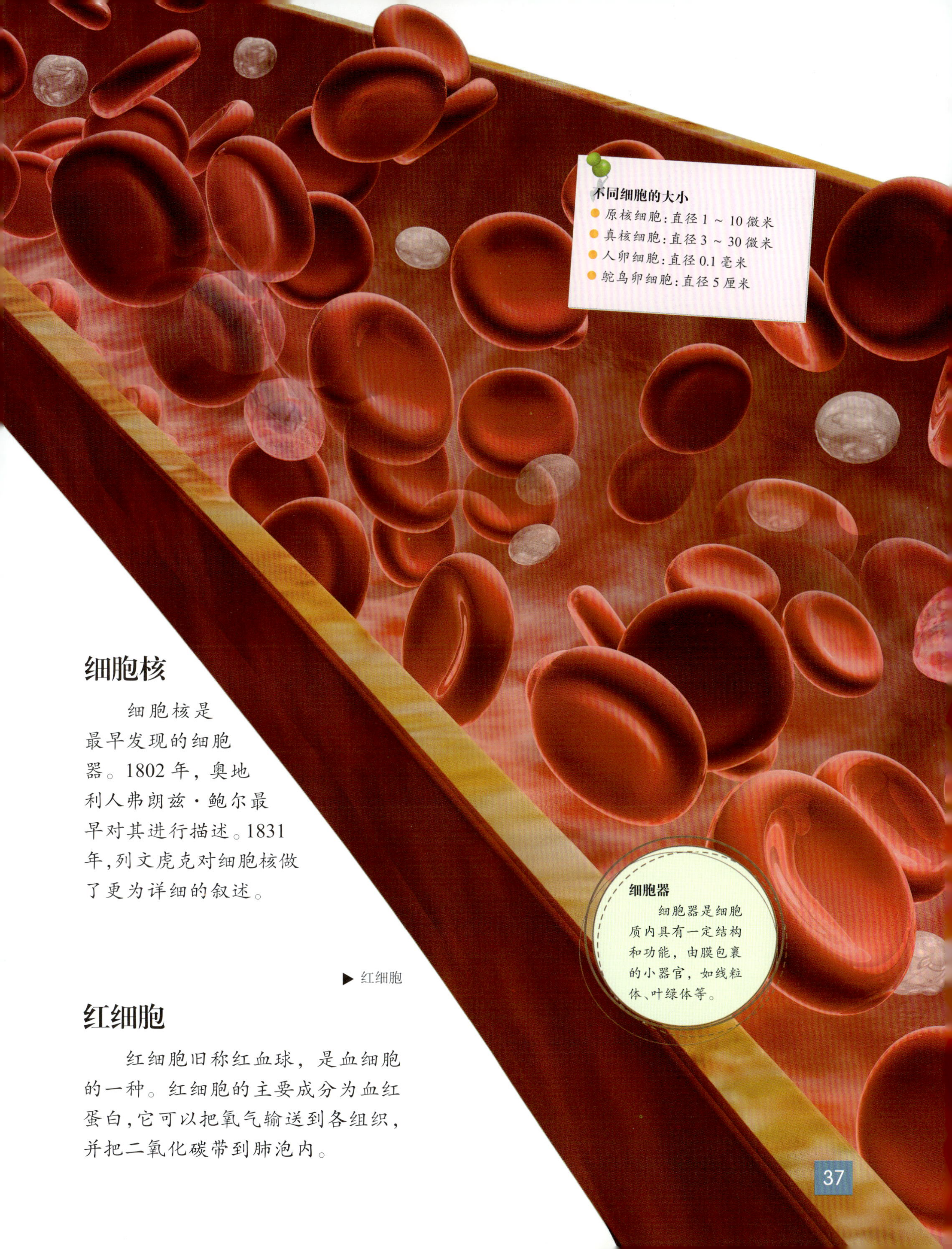

▶ 红细胞

不同细胞的大小

- 原核细胞：直径 1 ~ 10 微米
- 真核细胞：直径 3 ~ 30 微米
- 人卵细胞：直径 0.1 毫米
- 鸵鸟卵细胞：直径 5 厘米

细胞核

细胞核是最早发现的细胞器。1802 年，奥地利人弗朗兹·鲍尔最早对其进行描述。1831 年，列文虎克对细胞核做了更为详细的叙述。

细胞器

细胞器是细胞质内具有一定结构和功能，由膜包裹的小器官，如线粒体、叶绿体等。

红细胞

红细胞旧称红血球，是血细胞的一种。红细胞的主要成分为血红蛋白，它可以把氧气输送到各组织，并把二氧化碳带到肺泡内。

光合作用

绝大多数生物（包括人类）都直接或间接依靠光合作用所提供的有机物质、能量和氧气而生存。光合作用一个复杂的化学反应过程。

什么是光合作用

光合作用实质上是绿色植物利用光能，把二氧化碳和水转化成储存能量的有机物（如淀粉），并且释放出氧气的过程。

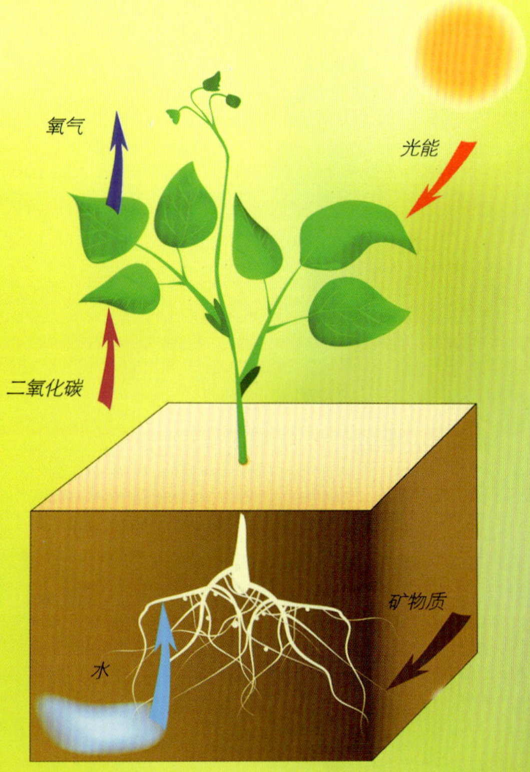

▲ 光合作用示意图

作用原理

植物需要自己生产营养物质。在阳光充足的白天，绿色植物利用太阳光进行光合作用，以获得生长发育所需的养分。

光合细菌

光合细菌是一种具有光能合成功能的微生物。在有光照缺氧的环境中，光合细菌可以利用光能进行光合作用，同化二氧化碳。与绿色植物不同的是，它们的光合作用不产氧。

光合作用场所

1880 年，美国科学家恩格尔曼通过用水绵进行光合作用的实验发现：氧是由叶绿体释放出来的，叶绿体是绿色植物进行光合作用的场所。

恩格尔曼的光合实验的结论

1. 绿色植物在光下可以制造淀粉，并释放氧气。

2. 绿色植物制造淀粉需要二氧化碳和水作为原料。

3. 绿色植物制造淀粉只能在有绿色的部分进行。

影响条件

光合作用是一系列非常复杂的化学反应的总和。光照、二氧化碳、温度、水分、矿物元素，甚至大气电场，都会影响植物的光合作用。

能量转换

绿色植物是食物链的生产者，它们通过光合作用将无机物转化为有机物，并贮存能量。动物通过啃食绿色植物，吸收植物贮存的能量，效率约为 10% ~ 20%。

条件反射

婴儿生下来就会吮奶、吞咽，手指碰到烫的东西会马上缩回，等等。这些都是人的先天本能。人类经过后天学习而做出的下意识反应，苏联生理学家巴甫洛夫称之为条件反射。

发现条件反射

巴甫洛夫发现年幼的狗在吃食物时淌口水，而较老的狗一看到食物就淌口水，单是视觉刺激就可以产生分泌唾液的反应。巴甫洛夫认为老狗经过长期学习训练，产生了一种下意识的反应，这就是条件反射。

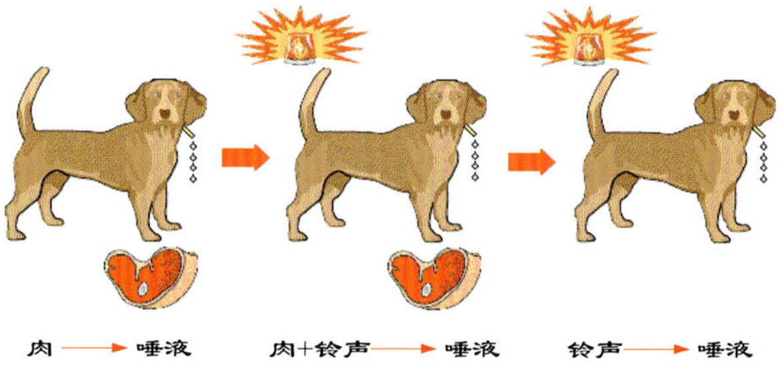

▲ 巴甫洛夫的条件反射实验

条件反射分类

条件反射可分为第一信号和第二信号系统的反射。前者是具体事物刺激建立的条件反射，是人和动物共有的；后者是词语刺激建立的条件反射，是人所特有的。

望梅止渴

三国时，曹操率队出征，天气酷热，士卒饥渴难忍。曹操说山丘后有大片梅林，士兵们一听口舌生津。曹操提及梅子，使士卒引起条件反射，暂解干渴之苦，鼓舞了士气。

操作式条件反射

将老鼠放在实验箱内，当某种信号出现时，若老鼠去踩杠杆，就能得到食物。多次训练后，老鼠见到这种信号就去踩杠杆而得食，这称为操作式条件反射。

非条件反射

人生来就有的先天性反射，这是一种比较低级的神经活动，由大脑皮层以下的神经中枢参与即可完成，如膝跳反射、眨眼反射、缩手反射等。

▼ 膝跳反射

条件反射与非条件反射的区别和联系		
名 称	区 别	联 系
条件反射	后天学习逐渐形成的；高级的；需大脑皮质的参与	条件反射是建立在非条件反射的基础上形成的
非条件反射	生来就有；低级的；不需大脑皮质的参与；极易退化	

遗传密码

遗传学是一门研究生物遗传与变异规律的学科。遗传密码是一项奇妙想象和严密论证的伟大结晶。人类对遗传密码的成功破译，揭示了生命的奥秘。

什么是遗传

遗传是指父母通过生育过程把遗传物质传递给子女，使后代表现出同父母相似性状的现象，这种现象在生物界普遍存在。

人类基因组计划

这是一项由美国、英国、法国、德国、中国和日本六国科学家共同参与完成的大型国际性研究计划，旨在完成对组成人类基因组的约30亿对核苷酸的序列测定。

人体遗传密码

人体细胞中含有23对染色体，这些染色体上承载着约2.5万个基因，30亿个遗传密码。就是这些遗传密码，使人类和其他动物大为不同，也使人与人之间存在差别。

什么是遗传密码

遗传密码又称密码子，是将DNA或RNA序列以三个核苷酸为一组的密码子转译为蛋白质的氨基酸序列，以用于蛋白质合成。

脱氧核糖核酸

脱氧核糖核酸（DNA）是核酸的一种，因为分子中含有脱氧核糖而得名。它是储藏、复制和传递遗传信息的主要物质基础。

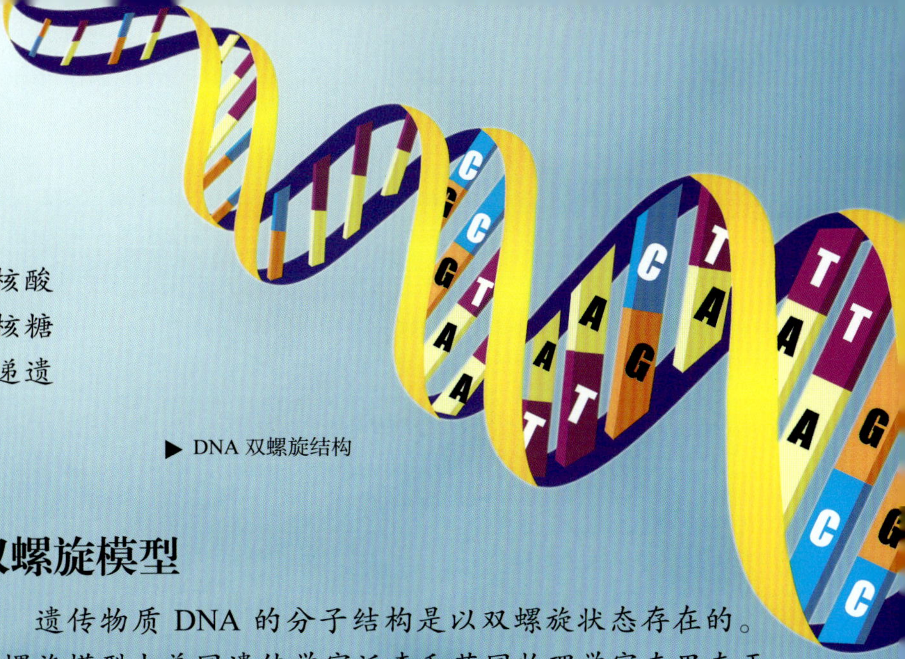

▶ DNA 双螺旋结构

双螺旋模型

遗传物质 DNA 的分子结构是以双螺旋状态存在的。双螺旋模型由美国遗传学家沃森和英国物理学家克里克于 1953 年提出。这个模型成功地说明了遗传物质 DNA 结构与功能的分子基础，标志着分子生物学体系开始形成，是 20 世纪自然科学中的一项重大突破。

图书在版编目（CIP）数据

我的第一套视觉百科. 大发现 / 张功学主编. -- 西安：未来出版社，2017.12（2023.4 重印）
ISBN 978-7-5417-6345-8

Ⅰ. ①我… Ⅱ. ①张… Ⅲ. ①科学知识—少儿读物②科学发现—少儿读物 Ⅳ. ①Z228.1②N19-49

中国版本图书馆 CIP 数据核字（2017）第 317272 号

我的第一套视觉百科（精装）

WO DE DIYI TAO SHIJUE BAIKE

大发现

DA FAXIAN

主　　编　张功学
丛书统筹　魏广振
责任编辑　雷露深
美术编辑　许　歌
出版发行　未来出版社发行
地　　址　西安市雁塔区登高路 1388 号　邮编：710082
电　　话　029-89122853
开　　本　889 mm × 1194 mm　1/16
印　　张　3.5
字　　数　60 千
印　　刷　万卷书坊印刷（天津）有限公司
版　　次　2018 年 4 月第 1 版
印　　次　2023 年 4 月第 3 次印刷
书　　号　ISBN 978-7-5417-6345-8
定　　价　39.80 元

SCHOOL BUS
Homework

My First

我的第一套视觉百科

Encyclopedia